DISCOURS

PRONONCÉS

A LA FÊTE

DE LA FONDATION

DE LA

RÉPUBLIQUE.

1.er Vendémiaire, an 7.

A ÉVREUX,

IMPRIMERIE D'ABEL LANOE.

AN 7 DE LA RÉPUBLIQUE.

DISCOURS

PRONONCÉ *par le cit.* PAIN, *Membre de l'Adminiſtration centrale, & Ordonnateur de la Fête, en préſentant à ſes Collègues la Députation des Cantons.*

CITOYENS ADMINISTRATEURS,

J'ai l'honneur de vous préſenter la députation civile & militaire de tous les cantons de votre département.

Lorſque, le 13 fructidor dernier, vous leur avez adreſſé l'invitation ſolemnelle de

A 2

fe faire repréfenter à la Fête du premier
Vendémiaire , vous avez voulu vous unir à
vos adminiftrés par les liens de la plus touchante fraternité , les faire tous participer
à nos folemnités par la préfence des magiftrats & des officiers qui font chargés de veil-
ler à leur bonheur & à leur sûreté ; vous avez
voulu raviver l'efprit public, faire chérir les
inftitutions nationales , en les rendant inté-
reffantes par leur objet & le charme de leurs
acceffoires.

Pénétrés des principes qui animent nos légiflateurs & le gouvernement, vous vous êtes
convaincus que nos fêtes demandaient un appareil pompeux , un caractère impofant,
digne du culte de ia Liberté , digne du peuple français fon adorateur. Vous avez cru ne
pouvoir faire un plus fage emploi des fonds
qui vous font annuellement confiés pour dé-
penfes imprévues, que d'en confacrer une
partie à l'embelliffement de nos fêtes civi-
ques. Vous l'avez fait , & vous avez la gloire
d'avoir prévenu les ordres du gouvernement.
Déjà votre temple décadaire prend une forme impofante : il n'eft pas encore achevé ; il

(5)

réclame encore quelques embelliffemens : il
peut cependant vous recevoir , & c'eft aujourd'hui que vous allez en faire la dédicace,
fous les yeux de tous vos adminiftrés , repré-
fentés par ce faifceau, image de la fraternité
& de notre inviolable fidélité à la République une & indivifible.

Eh ! quel moment plus heureux pouvait
être marqué pour cette augufte cérémonie,
que celui où l'antique berceau des fciences &
des arts, l'Egypte , voit flotter l'étendard
tricolor ; où le Nil falue la feptième année
de notre république ; où la Grèce ranime fes
cendres fertiles en héros , & fait jaillir de
nouvelles étincelles de liberté ; où l'Irlande
confolée reçoit nos foldats libérateurs , &
fecoue le joug de fes féroces tyrans ; où la
paix, fi ardemment défirée , fourit à la
France , & va peut-être aujourd'hui affifter à
la fête de la République !

République ! Salut ! que tes deftinées foient
immortelles ! Porte aux extrémités de l'U-
nivers la gloire de la grande nation ! que ton
nom foit répété avec ivreffe ! ta fête laiffera

A 3

dans mon ame des fouvenirs bien intéreſ-
fants, puiſqu'elle me rappellera ſans ceſſe
& ton image & le plaiſir que me fait éprouver en ce moment l'honorable miniſtère de
préſenter à mes collègues tous leurs adminiſ-
trés, dans la perfonne de leurs magiſtrats &
des autres dépoſitaires de leur confiance.

VIVE LA RÉPUBLIQUE!

DISCOURS

Du Citoyen HAZARD, l'un des Députés.

CITOYENS,

C'eſt pour entretenir la fraternité entre les citoyens, les attacher à la conſtitution, à la patrie & aux lois, que nos légiſlateurs ont établi des fêtes nationales. Et quelle fête eſt plus propre à nous rappeler des devoirs auſſi ſacrés que celle de la fondation de la république ? Il n'eſt point d'époque plus chère aux républicains, puiſque le premier vendémiaire, en nous aſſurant les fruits de notre courage & de nos ſacrifices, a fixé les hautes deſtinées où la grande nation eſt arrivée.

Il eſt flatteur pour nous d'avoir été choiſis parmi nos concitoyens, pour nous réunir

à vous dans ce jour augufte, & de contribuer, par notre préfence, à la pompe dont
cette folemnité eft entourée par vos foins :
l'appareil impofant qu'elle préfente nous rap-
pèle des fouvenirs intéreffants, qui ne s'ef-
faceront jamais de nos cœurs. Nous renou-
velons, entre les mains de nos magiftrats,
& fous les yeux de nos frères, le ferment
d'attachement à notre conftitution, d'a-
mour pour notre patrie, de refpect pour
nos lois.

VIVE LA RÉPUBLIQUE!

DISCOURS

Du Président de l'Adminiſtration du Département de
l'Eure, aux Députés des différens Cantons du Département.

*Citoyens Députés des Adminiſ-
trations Municipales & de la Garde
Nationale du Département de l'Eure,*

L'Administration centrale, en vous
invitant à venir célébrer avec elle la fête de
la fondation de la république, a voulu donner à la ſolemnité de cette fête auguſte tout
l'éclat dont elle eſt digne. Elle vous remer-
cie du zèle avec lequel vous vous êtes em-
preſſés de ſeconder ſes intentions. Mais il eſt
un autre objet qui donne un prix encore

plus grand à fes yeux , à votre complaifante démarche.

Elle défirait depuis long-tems donner à tous fes adminiftrés un témoignage authentique de fon attachement pour eux. Elle n'efpérait pas pouvoir jamais contenter ce défir, puifqu'il lui était impoffible de réunir dans cette commune tous les habitans du département. Cependant, à force de chercher le moyen de fatisfaire le befoin qui la tourmentait , elle a cru le trouver dans celui à l'exécution duquel vous avez fi bien concouru. Ne pouvant avoir le bonheur de fe faire entendre de tous , elle a voulu s'entretenir du moins avec ceux qui, étant le choix de tous , les repréfentent tous pour elle. Elle ne pouvait choifir une circonftance plus favorable à fon deffein, que celle d'une fête dont le but principal eft de refferrer entre tous les citoyens les liens de la fraternité. Elle s'eft empreffée de la faifir.

Que ne vous doit elle pas, Citoyens, pour avoir bien voulu vous rendre à fes vœux, & lui procurer ainfi le plaifir de fe trouver réellement au fein de fa famille ? C'eft à elle toute entière qu'elle s'adreffe, lorfqu'elle vous donne l'affurance de fa fincère affection. Veuillez bien vous charger de faire connaître fes fentimens à tous vos concitoyens, lorfque vous ferez de retour dans vos cantons. Vous leur direz que leur adminiftration centrale ne forme de vœux que pour eux, & qu'elle n'eft occupée que de leurs intérêts. Vous leur direz que la plus belle récompenfe qu'elle attende de fes travaux, eft de les voir tous heureux, & que le moment de fa plus grande fatisfaction fera celui où elle apprendra que la paix & l'union affurent leur bonheur.

C'eft à votre zèle & à votre patriotifme qu'elle confie le foin de lui donner une auffi douce jouiffance, & elle eft bien convaincue que vous ferez tout ce qui dépendra de vous pour en accélérer l'inftant. Elle eft bien convaincue que vos bons exemples ne tarderont pas à faire paffer dans tous les cœurs l'attachement à la république, le goût des bonnes mœurs & l'amour de toutes les vertus. Lorfque vous les aurez une fois perfuadés qu'ils ne doivent attribuer tous les malheurs qu'ils ont éprouvés pendant la révolution, qu'aux réſiſtances que lui ont oppoſées les préjugés & les paſſions, & aux diviſions qu'elles ont fait naître parmi eux, ils s'empreſſeront de détruire dans eux-mêmes des cauſes auſſi funeſtes de troubles & de calamités. Les déclamations hypocrites des ennemis de leur bonheur en ont juſqu'à préſent détourné pluſieurs de la ſoumiſſion aux lois & de l'accompliſſement de leurs devoirs, mais pour leur faire reconnaître leur erreur, il vous ſuffira de leur parler le langage de la raiſon & de les éclairer de ſon flambeau. Sa lumière bienfaiſante aura bientôt diſſipé les ténèbres dont ils ſont environnés. Ils ne pourront pas réſiſter à vos ſages conſeils, qui ſeront appuyés auprès d'eux par la confiance qu'ils ont en vous & qu'ils vous conſerveront toujours, tant qu'ils ſeront aſſurés que, dégagés de toute paſſion & de tout intérêt perſonnel, vous n'avez à cœur que leur ſeule félicité.

L'adminiſtration centrale bien perſuadée que tels ſont vos ſentimens attend de vos

efforts le fuccès le plus complet. Elle ef-
père que fous peu de tems, le département
qui lui eſt confié fervira de modèle à tous
les autres départemens de la république. Elle
eſt fière de cette efpérance , parce qu'elle
eſt fûre qu'elle ne fera pas trompée. Citoyens, réuniſſons-nous tous pour la réalifer.
Nous n'avons tous qu'un même intérêt, celui
d'affurer le bonheur de nos concitoyens ;
nous ne devons donc avoir auffi qu'une même
volonté. En acceptant les fonctions dont ils
nous ont honorés, nous avons juré de refter
fidellement attachés à la république & à la
conftitution fous laquelle feule ils peuvent
vivre libres & heureux ; nous avons juré de
combattre la royauté & l'anarchie qui ne
cherchent qu'à les remettre fous le joug de
l'efclavage , & à les replonger dans l'abîme
des maux dont la révolution les a tirés. Nous
allons tous enfemble renouveler nos fermens
fur l'autel de la patrie. La divinité qui rece-
vra ces fermens eſt celle qui a créé tous
les hommes pour la liberté & pour le bonheur. Ils ne peuvent donc que lui être agréa-
bles, puifqu'ils n'ont pour objet que de ter-

miner heureufement notre révolution, de confolider la république, de fixer pour toujours l'union & la paix au milieu de nous ' & d'établir notre félicité fur les bafes les plus inébranlables.

Citoyens, cette réunion de nos fentimens & de nos volontés eft pour nous le plus fûr garant de nos fuccès. Votre adminiftration centrale applaudit d'avance aux heureux effets qu'elle doit néceffairement produire, & elle vous prie de recevoir le témoignage de la vive & fincère reconnaiffance qu'elle vous doit comme à fes dignes collaborateurs:

Difons tous de tout notre cœur & avec le faint enthoufiafme que doit nous infpirer ce beau jour :

VIVE L'UNION ! VIVE LA LIBERTÉ !

VIVE LA RÉPUBLIQUE!!!

DISCOURS

PRONONCÉ par le Citoyen LANGLOIS, Préfident de l'Adminiftration centrale du Département de l'Eure, à la Fête de la Fondation de la République, le premier vendémiaire an fept.

CITOYENS,

NOUS célébrons l'anniverfaire du jour où les légiflateurs du peuple français ont élevé au Créateur des hommes le plus beau temple qu'il ait jamais eu dans l'univers. C'eft aujourd'hui que trente millions d'hommes ont vu brifer leurs chaînes, & font rentrés dans la pleine jouiffance des droits qu'ils avaient reçus de la nature. C'eft aujourd'hui que le foleil de la liberté a lui, pour la première fois, fur nous, dans tout fon éclat ; & que fa lumière bienfaifante eft venue diffiper totalement les ténèbres du long efclavage dans lefquelles nous étions enféveli.. C'eft aujourd'hui enfin qu'a été fondée la République françaife.

Quels tranfports d'allégreffe la commémoration de ce grand acte de la volonté du peuple ne doit-elle pas exciter dans nos cœurs ? De toutes les fêtes, deftinées à nous rappeler les différentes époques de notre révolution , celle-ci eft certainement la plus belle , puifqu'elle feule retrace à notre mémoire tous les prodiges par lefquels la liberté nous a manifefté toute fa puiffance. Livrons-nous donc, fans réferve , à la joie que ce grand jour nous infpire ; & fi quelques réflexions viennent fe mêler aux fenfations délicieufes que nous éprouvons, faifons en forte qu'elles ne tendent qu'à en affurer la durée . en donnant une nouvelle force aux liens qui nous attachen à la république. En érigeant ce fuperbe temple à la gloire du Dieu des hommes libres , la convention nationale a bien mérité de l'humanité : mais c'eft à nous à rendre fon ou-

vrage

vrage inébranlable , en plaçant fes bafes dans nos cœurs ; & pour cela , il fuffira de nous convaincre que le gouvernement républicain eft le plus conforme au vœu de la nature , & que par conféquent il eft le plus capable de faire notre bonheur. Lorfque nous aurons établi cette vérité fur les preuves les plus inconteftables , nous nous occuperons de rechercher quels font les vices qui peuvent le plus nuire à la république ; & nous prendrons la ferme réfolution de les détruire.

Grand Dieu , nous favons que le temple qui t'eft le plus agréable eft le cœur de l'homme de bien. Nous favons que la vertu feule eft digne de fixer tes regards, & que c'eft à elle feule auffi que tu as attaché notre félicité. Nous ferons donc tous nos efforts pour vaincre les paffions qui s'oppofent à la perfection de l'édifice que nous conftruifons en ton honneur. Daigne nous feconder dans cette glorieufe entreprife, & donne-nous , pour triompher de nous-mêmes, la force que tu nous as donnée contre nos ennemis. Ce bienfait ne fera pas le moindre de tous ceux que tu nous as prodigués ; & tous les ans,

B

lorſqu'à pareil jour, nous viendrons te payer le tribut de notre reconnaiſſance, nous t'en offrirons le témoignage le plus digne de toi, en te préſentant les vertus même que tu nous auras fait acquérir.

Citoyens, nous commençons une nouvelle année : il faut auſſi que notre zèle & notre ardeur ſe renouvellent. La vie d'un véritable républicain eſt un travail continuel ; mais c'eſt un travail bien doux pour celui qui eſt convaincu que c'eſt par lui ſeul qu'il peut parvenir au bonheur & contribuer en même tems au bonheur de ſes concitoyens. C'eſt pour faire paſſer dans vos cœurs cette utile conviction, qu'après vous avoir prouvé que la nature elle-même indique aux hommes le gouvernement républicain comme le ſeul qu'ils doivent adopter, nous vous entretiendrons des vertus dont ce gouvernement exige impérieuſement la pratique, parce que ſans elles il ne peut produire ſes heureux effets. C'eſt ſur ſes vérités importantes que repoſent nos deſtinées ; avec quelle attention ne devons-nous donc pas les approfondir

pour nous en bien pénétrer, & pour y con-
former notre conduite ?

Tant que les hommes, dociles à la voix de
la raison, ne se conduisirent que d'après les
sentimens que la nature avait mis dans leurs
cœurs, ils furent parfaitement libres & heureux. Mais cet état fut de courte durée, &
l'âge d'or n'a peut être jamais existé que dans
l'imagination des poëtes , puisque nous
voyons dans le plus ancien des historiens,
que la première famille qui ait vécu sur la
terre, donna le premier exemple des fu-
reurs de l'amour-propre, & que le premier
homme qui mourut fut un frère massacré
par son frère. Si , dès l'origine du monde ,
l'amour-propre fut capable d'étouffer tous
les sentimens de la nature dans le cœur même d'un frère , quel progrès ne dut-il pas
faire , à mesure que les liens du sang , en
s'étendant , perdirent de leur force , & que
les hommes, en se multipliant , oublièrent
insensiblement leur commune origine ?

L'amour pour leurs semblables s'effaça entièrement dans leurs ames , & chacun d'eux

fe préférant à tous les autres dut les haïr comme fes rivaux , quand il ne put pas en faire fes efclaves. De-là la tyrannie & la fervitude ; de-là les guerres continuelles que les hommes dûrent fe faire les uns aux autres , les uns pour dominer , les autres pour écarter la domination ; de-là les haînes particulières d'individu à individu , de famille à famille , & les vengeances qui en étaient les fuites inévitables.

Dans cet épouvantable défordre , que ferait devenu le genre humain , fi quelques fages échappés à la corruption générale , n'eûffent trouvé le moyen de rallumer dans le cœur des hommes le flambeau de la raifon, qui y était éteint depuis fi long-tems , & ne les eûffent portés par le tableau de leur miférable fituation , à vouloir faire ceffer l'état d'anarchie qui en était la caufe.

Pour opérer un changement auffi avantageux , il fallait les engager à vivre en fociété, fur des règlemens fages & conformés aux principes éternels de la nature ; c'eft ce qu'ils firent : & ramenés par leurs foins , la juftice , la paix & le bonheur reparurent fur la terre. A l'abri des lois qu'ils s'étaient volontairement impofées, & auxquelles tous s'étaient obligés de fe foumettre, les hommes redevinrent heureux. La force de tous garantit à chacun la jouiffance de fes droits, & comme ils s'étaient tous obligés à des devoirs mutuels, il régna entr'eux la plus parfaite égalité ; l'amour-propre fut contenu dans des bornes qu'il ne lui était plus poffible de franchir impunément ; la faibleffe n'eut plus rien à craindre de la violence, & tous les membres de la fociété jouirent de la liberté véritable.

Ce moyen était le feul qui put concilier la sûreté individuelle avec ce fentiment irréfiftible que la nature a mis dans le cœur de tous les hommes pour la confervation des droits qu'elle leur a donnés, ce fentiment qui leur dit que la propriété la plus facrée, celle fans laquelle il n'y a pas pour eux de véritable exiftence, eft leur indépendance de toute autre volonté que de la leur. En vivant ifolés, ils étaient continuellement expofés à dépendre les uns des autres à raifon de leurs plus ou moins de forces, au lieu qu'en fe réuniffant tous ils fe prêtaient l'un à l'autre un mutuel appui. Mais alors, comme cette réunion ne formait plus qu'un feul corps, il fallut pour atteindre le but qu'on s'était propofé, ne lui former non plus qu'une feule volonté, par la réunion de toutes les volontés. Ce fut l'effet de la loi qui, n'étant que l'expreffion de la volonté de tous, exige la foumiffion de chaque individu, fans gêner fon indépendance, puifqu'en y obéiffant, il n'obéit réellement qu'à fa propre volonté.

Tels font les élémens du gouvernement républicain : c'eft le feul qui foit conforme à la nature, puifque c'eft le feul qui conferve, dans toute leur étendue, les moyens qu'elle a donnés aux hommes pour faire leur bonheur. Tous les autres n'ont été établis que par la violence ou par la corruption des premiers principes des fociétés. La république eft la première forme de gouvernement qui puiffe fe préfenter à l'efprit des hommes, lorfqu'ils font libres de régler les conditions de leur affociation. Si nous voulons aller chercher dans l'hiftoire des preuves de cette vérité , remontons jufqu'aux temps les plus reculés , & nous verrons toutes les fociétés, à l'exception de quelques peuples de l'Afie, fous la forme de républiques. Avant que le peuple romain eût étendu fa domination fur toute la terre, le gouvernement royal était prefque inconnu. Dans l'Italie , les Gaules, l'Efpagne & toute la Germanie, on ne voyait que des républiques. Tous les peuples même de l'Afrique alors connue dépendaient de la république de Carthage. Les colonnies Grecques qui occupaient l'Afie mineure, y avaient apporté le gouvernement des répu-bliques d'où elles étaient forties. Il fallait aller chez les peuples efféminés de l'Orient pour trouver le defpotifme.

Mais qu'avons-nous befoin d'exemples , quand la raifon fuffit pour nous convaincre? Quel eft en effet l'homme de bon fens , qui pourrait fe perfuader que des hommes ayent jamais pu librement confentir à fe deffaifir de leurs droits pour en revêtir un d'entr'eux, & à fe dépouiller entièrement de leur vo-lonté pour fe foumettre à la fienne ? Celui qui pourrait fuppofer dans fes femblables un pareil oubli de leur dignité, ne ferait que manifefter par-là la dépravation de fon cœur & la baffeffe de fes fentimens , mais fon opinion ferait démentie par l'accord unanime de tous les peuples. Non , jamais ils n'ont courbé volontairement la tête fous le joug de la royauté : la force ou la rufe ont pu feules le leur impofer , & ce font elles feules auffi qui peuvent les y tenir affujettis. La nature crie fans ceffe au fond de leur cœur qu'ils n'ont pas été créés pour l'efclavage. Tôt ou tard , malgré le bruit des chaînes dont ils font chargés , fa voix fe fait entendre pour leur reprocher l'aviliffement honteux où ils font plongés , & pour leur indiquer les moyens d'en fortir.

C'eft cette voix puiffante qui a fait notre révolution. C'eft elle qui a renverfé la baftille & le trône , & qui, fur leurs débris, a proclamé la république. A ce nom , depuis fi long-tems chéri des amis de la liberté, le plus grand enthoufiafme s'empara de toutes les ames, la nation fentit naître dans elle une vigueur qu'elle n'avait jamais connue , & la Divinité elle-même, pour éternifer la

mémoire du beau jour où ce nom fut prononcé pour la première fois , nous fit rem-
porter une victoire fignalée fur les ennemis
qui avaient ofé fouiller notre territoire de
leur odieufe préfence.

Quelle ne devait pas être un jour cette
république dont la naiffance était ainfi an-
noncée à l'Univers par les foudres de la
victoire ? Quelle fuite brillante de profpérité
ne promettait pas un auffi favorable augure ?
Auffi le peuple français , que la royauté ne
gênait plus dans fes mouvemens , marcha-
t-il dès-lors d'un pas plus ferme & plus affuré
contre les rois qui s'étaient réunis pour le
remettre dans les fers. Chacun des combats
qu'il leur livra fut pour lui l'occafion d'un
nouveau triomphe , & bientôt il les força
d'avouer qu'ils avaient ignoré jufqu'alors ce
que pouvaient des hommes qui fe battaient
pour la défenfe de leurs droits & de leur indépendance.

Liberté , fille de la divine providence ,
c'eft à toi que nous devons tous les fuccès
que nous avons obtenus fur cette coalition ;

qui croyait nous en impofer par fa feule préfence ; tu as fait difparaître fes nombreufes légions devant nos bataillons affemblés à la hâte & mal-armés, mais que tu as fu rendre invincibles. Tu as fait autant de héros de ces français qu'un gouvernement corrupteur s'était étudié dans tous les tems à amollir , pour les mieux retenir dans fes chaînes. Quelles actions de graces n'avons-nous pas à te rendre , & comment pourrons-nous jamais reconnaître tous les bienfaits dont tu nous as comblés !

Hommes dégradés par la fervitude , qui ne pouvez pas encore concevoir tout ce que peut fur les ames l'amour de la liberté, ré-fléchiffez fur tous les miracles dont vous avez été les témoins, & rougiffez d'avoir méconnu, jufqu'à préfent , le fentiment généreux qui les a opérés ; comparez le français devenu républicain , avec ce qu'il était fous l'empire de la monarchie, & cette comparaifon fuffira pour vous faire connaître la différence immenfe qui exifte entre la royauté & la république. Parcourez les différentes époques de l'exiftence de la nation françaife, & voyez fi jamais elle a déployé autant de force & de courage, fi jamais elle s'eft montrée auffi grande que depuis l'inftant où entièrement dégagée du poids du trône, elle eft rentrée dans la pleine & entière jouiffance de fes droits.

Voyez avec quelle énergie elle fe lève toute entière pour la défendre, cette république qu'elle vient de créer, & pour repouffer loin d'elle les attaques de tous fes ennemis. A la vue des dangers dont elle eft menacée, tous les français courent aux armes : Vivre libre ou mourir, eft le ferment qu'ils prononcent dans leurs cœurs ; & ce ferment eft pour eux le garant de la victoire. Suivez nos invincibles armées dans leur marche triomphante, & fi le fpectacle de leurs immortels exploits ne réveille pas dans vos ames le fentiment de la liberté, vous n'êtes pas dignes d'être français.

Mais non, vous ne ferez pas infenfibles à un fpectacle auffi frappant, & les prodiges qu'ont opéré vos frères vous forceront du moins d'avouer que l'amour de la liberté

n'eft pas, comme vous l'aviez cru jufqu'a-
lors, un mot vide de fens, & qu'il n'y a
que des républicains qui puiffent exécuter
des chofes qui paraiffent au-deffus des forces
de l'humanité. Dans les circonftances, même
très-rares, où la fortune a trahi leurs efforts,
vous les verrez toujours plus grands que la
fortune reprendre un nouveau courage.
Mais détournez vos regards de deffus les re-
vers de votre patrie, ces fcènes font trop af-
fligeantes ; ceffez de les arrêter par exemple,
fur la rade d'Alexandrie , & pénétrez avec
Buonaparte dans l'intérieur de l'Egypte ;
fuivez-le jufqu'au Caire, & joignez-vous à
nous pour applaudir à fa nouvelle conquête.
Reportez-vous au moment où la coalition
de Pilnitz donna le premier fignal des combats ; parcourez, avec nos braves défenfeurs,
tous les lieux qu'ils ont immortalifés par
leurs triomphes.

Voyez-les dans les gorges de l'Argonne , à
Gemmapes , à Fleurus , fur les glaces de la
Hollande , fur les bords du Rhin , dans les
défilés de la Souabe , dans les neiges des Al-
pes & des Pyrénées , aux ponts de Lodi &

d'Arcole , aux portes de Vienne , fous les murs du Capitole, dans les montagnes de l'Helvétie , fur les rochers de Quiberon , fur les fables d'Oftende & fur les rives du Nil : voyez-les vaincre tout ce que les élémens , les faifons , les climats , l'art & la force peuvent leur oppofer de difficultés & de réfiftance : voyez-les réduits fouvent au dénuement le plus affligeant , manquant de vêtemens & de nourriture , fupporter avec courage tous les dégoûts & toutes les privations , faire continuellement les plus grands facrifices , & fe confoler de toutes leurs fouffrances & de tous leurs maux , par l'efpérance de voir enfin la république triompher de tous les obftacles.

Qui d'entre nous pourrait refter indifférent à la vue d'un tableau auffi touchant ? Qui ne ferait pas fier d'appartenir à une nation qui a produit de pareils héros ? Quel ferait l'être affez froid pour ne pas fentir au moins quelque étincelle du beau feu qui les anime ? Quel fpectacle , en effet , fut jamais plus capable d'enflâmer l'imagination, que celui des grandes actions que leur a fait faire l'amour de la liberté ? Artiftes de tous les genres , quels

plus beaux fujets peuvent vous occuper ? Laif-
fez-là l'antiquité ; depuis trop long-tems elle
exerce vos lyres & vos pinceaux : comme
elle auffi , nous avons la république ; & notre
glorieufe révolution offre à vos talens un
champ plus intéreffant & plus vafte. Empreffez-vous de fixer , dans vos écrits & fur la
toile , les actions dont nous avons été les témoins , pour les tranfmettre aux générations
futures dans toute leur beauté.

Citoyens , aux miracles qui ont accompa-
gné & fuivi la fondation de la république ,
pourrions-nous en méconnaître le véritable
auteur ? Qui aurait pu infpirer à nos armées
le courage furnaturel, qui les a rendues conftamment invincibles , fi ce n'eft celui qui a
créé les hommes pour la liberté & pour le
bonheur ? Quel autre que lui aurait pu rani-
mer en même-tems dans tous nos cœurs , des
fentimens étouffés fous le poids de quatorze
cents ans de fervitude ? Comment nos bras ,
affaiblis par la pefanteur des fers dont ils
étaient chargés , auraient-ils pu renverfer un
trône qui tenait à de fi profondes racines , fi
lui-même ne nous eût donné la force qui nous

était néceſſaire ? Comment nos ames , amollies par la corruption la plus invétérée & par les préjugés les plus ſerviles , auraient-elles repris leur énergie naturelle , ſi lui-même ne la leur eût rendue ? Oui , c'eſt lui qui nous a une ſeconde fois tirés du néant , pour nous donner une véritable exiſtence. C'eſt lui qui, en nous éclairant ſur les maux innombrables que la royauté nous avait fait ſouffrir & ſur les ſanglans outrages dont elle nous avait accablés , nous a inſpiré contr'elle la haîne la plus forte & la plus durable. C'eſt lui enfin qui , après nous avoir fait connaître que la république était le ſeul gouvernement qui fût compatible avec la jouiſſance des droits qu'il nous avait donnés , en a protégé l'établiſſement contre tous les efforts réunis des rois de l'Europe.

Grand Dieu , dont le bras puiſſant nous a juſqu'à préſent fait triompher de tous nos ennemis , achève ton ouvrage ! Tu as fondé la république ; donne-lui actuellement tout le bonheur dont elle eſt ſuſceptible , en réuniſſant tous les Français dans l'amour & dans l'attachement qu'ils lui doivent. Ouvre enfin les yeux de ceux qui les ont tenus conftamment fermés , pour ne pas voir tous les prodiges que tu n'as ceffé d'opérer en fa faveur. Montre-leur , dans l'exemple des peuples qui nous environnent , combien font inutiles les regrets qu'ils donnent encore à un ordre de chofes qui ne reviendra jamais. Qu'ils cherchent actuellement le ftathoudérat , la theocratie , l'oligarchie , l'ariftocratie ; ils ne les retrouveront plus. Ces gouvernemens ont difparu devant la liberté. Le Batave a encore une fois brifé fes fers ; la fleche de Guillaume Tell a encore mis en fuite les tyrans de l'Helvetie ; les faifceaux confulaires ont remplacé la tiare , dans la patrie des Brutus & des Catons ; le Ligurien , débarraffé de fon orgueilleufe nobleffe , refpire l'air pur de l'égalité ; & le Cifalpin s'applaudit d'être échappé aux ferres de l'aigle des Céfars. En refléchiffant fur l'élan fublime , avec lequel tous ces peuples fe font portés vers le gouvernement républicain , auffitôt qu'ils en ont trouvé l'occafion , nos contradicteurs pourront-ils encore méconnaître la force irréfiftible du fentiment qui pouffe tous les hom-

mes

mes vers la liberté ? Voudront-ils encore oppofer leurs préjugés & leurs paffions à la volonté du créateur ?

Non : toutes les réfiftances qu'a éprouvées
jufqu'à préfent l'établiffement de la république doivent céder aux preuves multi-
pliées par lefquelles nous avons appuyé la
vérité que nous avions avancée : que le gouvernement républicain était le feul conforme
au vœu de la nature , & que par conféquent,
il était le feul qui pût faire notre bonheur.
Nous ne ferons pas à la raifon de nos concitoyens l'injure de croire qu'il pourrait y
avoir encore parmi eux quelqu'un qui fût
affez déraifonnable pour fe refufer à une pa-
reille évidence ; & nous fommes bien convaincus que tous nous n'aurons plus , fur cet
objet important , qu'une feule & même opinion. Mais, Citoyens, ce n'eft pas affez que
d'avoir adopté la république ; ce n'eft pas
même affez que d'y être attachés : il faut encore que nous lui prouvions notre attachement par la bonté de nos mœurs , qui peuvent feules affurer fa confervation , & que
pour être parfaitement heureux , nous rem-

C

pliffions, avec la plus religieufe exactitude, tous les devoirs qu'impofe à chacun de nous le glorieux titre de républicain.

Des hommes qui s'étaient contentés d'obferver les évènemens, fans avoir eu le courage d'en approfondir les caufes, étonnés de voir, d'un côté, les vertus dont l'homme était capable & les belles actions qu'elles lui faifaient faire, & de l'autre, les crimes de certains individus & les malheurs qui en réfultaient pour la fociété ; ne fachant comment concilier les défordres auxquels le monde était livré, avec l'idée qu'ils s'étaient formés du créateur, dont les attributs effentiels devaient être néceffairement la fageffe & la bonté, avaient imaginé qu'il avait abandonné le gouvernement de l'univers à deux génies différens ; l'un bon qui était l'auteur de tout bien, l'autre mauvais qui était l'auteur de tout mal. Ce fyftême qui était très-favorable à la pareffe humaine, qui ne veut pas fe donner la peine d'étudier & de calculer l'effet des paffions mifes en oppofition avec les lois éternelles de la divinité, a eu beaucoup de partifans, & fi quelque chofe pouvait encore l'accréditer parmi nous, ce ferait bien l'hiftoire de notre révolution.

Elle a couvert le peuple français de gloire, & elle lui prépare un bonheur immortel ; mais auffi elle a été l'occafion de bien des défordres, & la fource de bien des malheurs. Des effets auffi oppofés confondent l'imagination, & ne paraiffent être que le réfultat des combats que fe font continuellement livrés le génie de la liberté & celui de la tyrannie. C'eft au premier que nous devons ce mouvement fublime qui nous a fait brifer les fers fous lefquels nous étions enchaînés depuis l'origine de la monarchie. C'eft à lui que nous fommes redevables de tous les prodiges qui ont illuftré notre patrie & qui ont rendu le peuple français le peuple le plus grand de la terre. C'eft le fecond, au contraire, qui a enfanté tous les forfaits & tous les maux fur lefquels nous gémirons encore long-tems. C'eft lui qui a oppofé à tous nos efforts la trahifon & la perfidie de la cour, les intrigues des partifans de la royauté, & les machinations des fauteurs de l'anarchie. C'eft lui qui a été chercher jufques dans les

cours étrangères des armes pour nous combattre, qui a dicté le traité de Pilniz, & qui
en a dirigé l'exécution avec la fureur la plus
meurtrière. C'est lui qui a secoué au milieu
de nous les torches de la discorde, qui a allumé l'incendie de la Vendée, & qui a ouvert
sous nos pas tous les gouffres qui ont manqué
de nous engloutir. C'est lui qui, après avoir
appelé tous les rois à notre destruction, les
excite encore à la guerre, malgré leur las-
situde, & réveille dans leur cœur le démon
des combats. C'est lui enfin qui a causé tous
nos malheurs, & qui continuera de nous
tourmenter tant qu'il trouvera des hommes
assez faibles pour se laisser aller à ses infernales
inspirations. Atroce génie, qui ne t'alimen-
tes que de troubles & de désordres, qui te
ris des larmes que tu fais répandre & t'a-
breuves à plaisir du sang de tes victimes, tu
ne réussiras pas dans tes horribles projets ; tu
feras forcé de céder, à la fin, à l'ascendant
du bon génie qui nous conduit à la liberté :
mais, en attendant que tu succombes, tu
peux encore long-tems satisfaire sur nous ta
rage exécrable, si nous ne sommes pas assez

fages pour t'ôter promptement les moyens de nuire , que nous t'avons fournis nous-mêmes.

Citoyens, puifque ces deux êtres allégoriques peuvent tant influér fur notre bonheur ou fur notre malheur, combien n'eft-il pas intéreffant pour nous de connaître ce qu'ils font véritablement ? Quelle étude mérite plus d'occuper nos efprits ? Livrons-nous y donc avec toute l'attention dont elle eft digne. Elle ne fera pas difficile, fi nous voulons defcendre un inftant dans nos cœurs. Nous y reconnaîtrons que ces deux génies ne font autre chofe que les fentimens qui nous animent & qui nous portent vers le bien ou le mal, fuivant que nous nous laiffons conduire par notre raifon ou que nous lui réfif-tons. Le bon génie, le génie de la liberté, eft ce fentiment généreux qui nous dit que la confervation de nos droits naturels & notre bonheur étant effentiellement liés à l'indépendance & au bonheur de la fociété dont nous faifons partie, nous devons faire continuellement tous nos efforts & les plus grands facrifices, pour maintenir fon indépendance , & être entièrement foumis à fes lois, fans l'exécution defquelles elle ne peut jamais être parfaitement heureufe. Le mauvais génie, au contraire, celui de la tyrannie, eft cette vile paffion qui, nous faifant rapporter tout à notre feul intérêt, eft toujours en oppofition avec la volonté générale, & fait d'autant plus d'efforts pour fe fatisfaire qu'elle trouve plus d'obftacles dans les intéréts réunis de tous les autres membres de la fociété. C'eft l'amour-propre , cette paffion qui a été l'ame de toutes les factions qui ont déchiré le fein de notre patrie ; cette paffion honteufe qui, cachée tantôt fous le mafque du royalifme, tantôt fous le manteau du fanatifme, s'oppofe encore conftamment à la marche de notre conftitution & à l'établiffement des inftitutions qui doivent être fon plus folide appui. Quels foins ne nous faut-il donc pas employer pour étouffer dans nos cœurs ce fentiment pernicieux dont le développement ne peut que faire notre malheur particulier & celui de la fociété entière : le nôtre, par les peines & les chagrins qu'il nous donne, les con-

tradictions qu'il nous fait éprouver & les châ-
timens qu'il nous attire ; celui de la société,
par la guerre inteſtine qu'il y fomente, &
par les déſordres qu'il y entretient.

C'eſt de cette ſource impure que ſont ſor-
tis tous les vices & tous les crimes qui ont
ſouillé notre révolution. Nos féroces trium-
virs n'auraient pas exercé ſur notre mal-
heureuſe patrie leur abominable empire,
s'ils n'eûſſent pas trouvé parmi nous des dé-
lateurs, des eſpions, des flatteurs, des ſa-
tellites & des bourreaux ; & ces êtres, auſſi
odieux que les monſtres qu'ils ſervaient, n'é-
taient guidés, comme eux, que par leur
amour-propre qui leur faiſait trouver un
avantage plus ou moins grand à ſeconder la
tyrannie. Si ceux dont la révolution a détruit
les privilèges eûſſent voulu ſe ſoumettre
au niveau de l'égalité ; s'ils n'eûſſent pas fait
les plus conſtans efforts pour rétablir le
tróne, à l'abri duquel ils eſpéraient réparer
leurs pertes ; ſi, par le plus déteſtable des ſa-
crilèges, ils n'eûſſent pas aſſocié la Divinité
elle-même à leurs projets impies, nos départemens de l'Oueſt n'auraient pas été ra-

vagés par la guerre civile ; le brigandage &
l'affaffinat n'auraient pas défolé nos villes &
nos campagnes, & tous les républicains, que
l'atroce réaction a égorgés, uniraient aujour-
d'hui leurs actions de graces aux nôtres, pour
remercier l'Etre bienfaifant qui nous a donné
la république. Mais l'amour-propre ne l'a
pas permis. Il a foufflé dans le cœur des partifans de la royauté la rage & le défefpoir, &
il a légitimé à leurs yeux tous les crimes qui
pouvaient fervir à l'exécution de leurs deffeins parricides. La guerre elle-même n'aurait pas eu lieu fans l'amour-propre des
rois ; & s'ils eûffent voulu refpecter notre indépendance, l'humanité n'aurait pas à gémir
fur la mort de plus de deux millions d'hommes. Mais la vue d'un peuple qui venait de
brifer fes fers était pour eux un fupplice
infupportable , & leur orgueil jaloux fe
croyait intéreffé à nous remettre dans l'efclavage. Ah ! puiffent-ils, devenus plus fages,
nous épargner à nous de nouveaux malheurs, & à eux s'épargner de nouveaux crimes ! Puiffions-nous nous-mêmes, inftruits
par notre propre expérience, repouffer

loin de nous les conseils perfides d'une paffion qui ne peut que favorifer la tyrannie, alimenter les factions, & troubler la fociété, en y engendrant toutes les autres paffions, l'ambition, la cupidité, l'efprit d'intrigue, la jaloufie, l'envie, la haîne & la vengeance!

Puiffions-nous, au contraire, nous livrer entièrement au fentiment de la liberté, à ce fentiment généreux qui attache les hommes les uns aux autres par les liens les plus forts, puifqu'il fait dépendre le bonheur de chaque individu de celui de la fociété entière! C'eft lui qui les engage à faire les uns pour les autres les plus grands facrifices. Le véritable citoyen, celui qui eft animé de l'amour pur de la liberté, qui connaît fes devoirs & qui veut les remplir, aime fes concitoyens comme lui-même, & eft continuellement difpofé à faire à chacun d'eux tout le bien qu'il voudrait qu'il lui fît. Mais s'il s'agit de la fociété entière, il lui fera le facrifice de fes facultés, de fa vie, & même de fon propre bonheur. Il fera conftamment foumis aux lois, parce qu'il fait que fans elles il n'y a ni liberté, ni égalité, & que l'anarchie conduit à la fervi-

tude. Toutes les fois qu'elles l'appelleront à
la défenfe des propriétés, il s'armera pour
elles , parce qu'il fait que c'eft fur le main-
tien des propriétés que repofe la culture des
terres, toutes les productions, tout moyen
de travail & tout l'ordre focial.

Il ne perdra jamais de vue que c'eft par
la corruption des mœurs que le defpotifme
nous avait fait tomber dans le profond dégré
d'aviliffement d'où la révolution nous a tirés,
& que c'eft par elle feule qu'il avait trouvé le
moyen de nous retenir dans fes chaînes. Il
fera donc fa principale étude de fe donner
de bonnes mœurs & de les conferver incor-
ruptibles. Il évitera, avec le plus grand foin,
tous les excès qui pourraient nuire à fa raifon
ou à fa fanté, parce que, outre qu'il manque-
rait à la dignité de fon être & à ce qu'il doit à
fa propre confervation, il regarderait comme autant de larcins faits à fa patrie toutes
les fois qu'il fe ferait mis hors d'état de lui
rendre les fervices qu'il lui doit. L'oifiveté
étant la fource la plus ordinaire des vices
qui défolent la fociété & qui dégradent les
individus qui s'y livrent , il aimera le tra-

vail , comme le garant le plus sûr de fon indépendance & le meilleur moyen d'être
utile à fes concitoyens. Comme le bonheur
général repofe effentiellement fur les vertus
particulières de chaque famille , il fera bon
fils , bon père , bon frère , bon ami , bon
époux ; la bonne-foi, la franchife & l'équi-
té feront la règle conftante de fa conduite ,
parce qu'il fait que ce font ces fentimens qui
peuvent le plus contribuer à entretenir l'u-
nion entre les hommes, & que les fentimens
contraires lui paraiffent indignes d'un homme
libre.

Telles font les vertus dont fe compofe la
religion du vrai républicain. C'eft par leur
pratique conftante qu'il rend à la Divinité
le culte qui doit lui être le plus agréable ,
puifqu'il ne peut pas mieux lui témoigner fa
reconnaiffance & fon amour, qu'en obéiffant
de tout fon pouvoir aux lois qu'elle a gra-
vées dans fon cœur, & en contribuant de
toutes fes facultés & de toutes fes forces au
bonheur de fes femblables.

Pourquoi faut-il que des vertus auffi utiles

foient encore auffi négligées , tandis que
nous voyons un fi grand nombre d'adora-
teurs profternés aux pieds des autels de l'a-
mour-propre ? Jufques-à-quand l'intérêt perfonnel confervera-t-il parmi nous fon culte
odieux ? Ah ! citoyens, déchirons le voile
perfide qui nous empêche de voir les maux
horribles que ne ceffe de nous faire cette
divinité infernale, & nous cefferons auffi-tôt
de lui offrir nos hommages & notre encens!
Que ceux d'entre nous qui regrettent encore
les privilèges dont ils jouiffaient fous l'ancien régime faffent de bon cœur, à l'égalité,
le facrifice de leurs regrets ! Qu'ils ceffent de
s'oppofer au bonheur général , ils trouve-
ront, dans la part qui leur en reviendra, un
ample dédommagement de leurs privations!
Que les hommes ambitieux & cupides, qui
ne voient dans la révolution que leur feul
avantage, & qui regardent la patrie comme
leur proie, comparent la fatisfaction que
peut leur procurer le fuccès de leurs ma-
nœuvres, avec les peines & les inquiétudes
qu'ils fe donnent, la baffeffe des moyens
qu'ils employent , les reproches de leurs

propres confciences & la honte dont ils fe couvrent aux yeux de leurs concitoyens, auxquels toutes leurs rufes ne peuvent les cacher, & ils verront qu'en courant après le bonheur, ils ne réuffiffent réellement qu'à fe rendre malheureux ! Que ceux qui, dominés par leurs préjugés ou par leurs paffions, s'oppofent encore à l'établiffement des inftitutions ordonnées par nos lois, & qui, malgré cela, fe prétendent hommes de bien, apprennent qu'ils ufurpent un titre qui ne leur appartient pas, puifque nul n'eft homme de bien, s'il n'eft franchement & religieufement obfervateur des lois ! Qu'ils apprennent qu'au contraire en les éludant, ils bleffent les intérêts de tous leurs concitoyens, & qu'ils fe rendent par conféquent indignes de leur bienveillance & de leur eftime !

Quant à vous qui vous déclarez en état de guerre avec la fociété en violant ouvertement fes lois ; vous qui excitez tous les citoyens à la révolte, & qui invoquez hautement la contre-révolution & tous les malheurs qu'elle entraînerait après elle, qu'at-

rendez-vous de vos criminelles entreprifes ?
Vous avez l'hypocrite audace d'appeler la
divinité elle-même à l'appui de vos projets
parricides : c'eft en fon nom que vous fe-
mez au milieu de nous les divifions & la dif-
corde ; c'eft en fon nom que vous àrmez les
Français les uns contre les autres, & que vous
rallumez les torches des furies dont, fans
vous, notre territoire aurait été depuis long-
temps débarraffé ; & vous ofez efpérer qu'elle
fera votre complice, elle dont la première
loi qu'elle ait donné aux hommes eft de s'aimer les uns les autres & qui, par conféquent, ne peut voir qu'avec horreur ceux
qui, pour fatisfaire leur amour-propre ou
leurs préjugés, foufflent fur leurs femblables les feux de la guerre civile ! Vous ofez
efpérer que, trompé par vos abfurdes im-
précations, le créateur des hommes verra
d'un mauvais œil un gouvernement dont lui-
même a gravé le plan dans leurs cœurs, &
qui eft plus propre qu'aucun autre à l'exer-
cice de toutes les vertus auxquelles il a attaché
notre bonheur ! Vous appelez fur nous les
vengeances céleftes, & vous ne craignez pas

d'attirer fur vous-mêmes la foudre par des vœux auffi impies & auffi inhumains! Infenfés! qui, dans votre aveugle fureur, bravez & le glaive des lois & le courroux de la divinité, ouvrez donc enfin les yeux, puifqu'il en eft encore tems. Impofez filence à vos paffions, & les cris de vos confciences vous apprendront alors combien vous êtes coupables envers la divine providence, en contrariant fes vues fur nous, & envers vos concitoyens, en retardant leur bonheur.

C'eft vous en effet qui, par vos mauvais exemples, les avez détournés de la pratique des vertus que leur commandent nos lois républicaines; c'eft vous qui, par vos prédications menfongères, avez juftifié l'amour-propre & mis l'intérêt perfonnel en oppofition avec l'intérêt général; c'eft vous, par conféquent, qui êtes les auteurs de tous les défordres & de tous les maux qui, depuis fi long-tems, affligent notre patrie. Ah ! s'il vous refte encore quelque fentiment d'humanité, ceffez d'entraver la marche de notre conftitution, & empreffez-vous de réparer votre conduite paffée, en vous réuniffent à nous pour hâter l'établiffement de notre liberté ! Alors, nous les verrons généralement pratiquées parmi nous ces vertus qui doivent faire notre félicité. La république, débarraffée de fes ennemis intérieurs, nous fera jouir de la tranquillité la plus parfaite, de tous les avantages qu'elle nous promet, & nos ennemis du dehors, n'efpérant plus aucun fecours de nos diffentions inteftines, feront enfin forcés d'accepter la paix qu'ils refufent depuis fi long-tems.

Comment en effet, pourraient-ils conferver quelque efpoir de fuccès, lorfqu'ils nous verront unis, puifque malgré les reffources que leur ont fournies nos divifions, ils n'ont pu obtenir fur nous le moindre avantage ? Ils renonceront aux moyens qu'ils ont pris pour étouffer notre révolution, auffitôt qu'ils auront reconnu qu'au lieu d'en arrêter l'effet, ils ne pourraient au contraire qu'en étendre les progrès & en rendre l'exemple plus éclatant. Car tel eft le caractère de l'amour de la liberté : ce fentiment acquiert des forces à proportion des réfiftances qu'on lui oppofe. L'ordre de la divinité qui appèle

tous

tous les hommes à la jouiſſance de leurs droits naturels, aura un jour reçu ſon entière exécution dans tout l'Univers : mais cette exécution ſera plus ou moins accélérée, à raiſon des meſures que prendra chaque gouvernement pour l'empêcher.

Tu nous offres une preuve bien frappante de cette vérité, tyran de l'Angleterre, perfide Pitt. Tes cruautés atroces allaient rendre l'Irlande à la liberté & à la nature ; auſſitôt que tu t'en es apperçu, tu as cru devoir ſubſtituer une feinte clémence aux moyens barbares que tu avais d'abord employés. Mais ta ruſe hypocrite n'aura fait que prolonger pour quelque tems la ſervitude dans ce pays où l'on rencontre à chaque pas des monumens de ta tyrannie, & elle n'a pas étouffé le ſentiment de la liberté qui depuis long-tems brûle au fond de tous les cœurs. Bientôt ce ſentiment ſe développera avec plus de force que jamais. Bientôt la république Irlandaiſe augmentera le nombre des peuples libres ; & en briſant ſes fers elle aura donné l'exemple à tous ceux qui gémiſſent ſous ton odieuſe domination.

D

C'eſt ainſi que s'accomplira la prophétie de Mirabeau : la cocarde tricolor fera le tour du globe. Ce profond génie qui avait fait une étude particulière du cœur humain, connaiſ-faît toute la force du ſentiment de la liberté. Il ſavait que ce feu ſacré peut bien être com-primé ſous le poids d'une longue tyrannie, mais qu'il ne s'éteint jamais. Il ſavait qu'il ne fallait qu'une étincelle pour lui rendre ſon activité naturelle. Il avait vu la révolu-tion françaiſe ; il lui était donc facile de prédire que la commotion électrique qu'elle avait occaſionnée ſe communiquerait de pro-che en proche juſqu'aux extrémités de l'U-nivers. Déjà elle a paſſé les mers. Déjà l'E-gypte en a reſſenti la ſecouſſe. A la vue de Buonaparte & de ſes compagnons, les féroces brigands qui tyranniſent ce beau pays ont diſparu, & le Nil roule actuellement ſes eaux fécondes ſur un territoire libre. Ainſi diſparaîtra l'eſclavage dans tous les lieux où les français porteront leurs pas.

Peuple français, peuple magnanime, que tu dois t'enorgueillir d'avoir obéi le premier aux ordres de l'auteur de la nature, & d'avoir donné aux autres peuples l'exemple de la liberté! Mais ce n'eſt pas aſſez pour ta gloire, il faut encore que tu leur apprennes par quels moyens ils peuvent la conſerver. Le gouvernement républicain que tu as adopté eſt le plus parfait des gouvernemens ; mais il ne peut ſubſiſter ſans la pratique de toutes les vertus. Tes détracteurs te font l'injure de croire que ces vertus ſont au deſſus de tes forces , & ils fondent encore quelque eſpérance ſur l'opinion outrageante qu'ils ont de ta faibleſſe. Confonds leurs inſolentes calomnies , en leur prouvant que tu n'auras pas moins de courage & de conſtance pour détruire les vices que ton ancien régime t'avait fait contracter , que tu n'en as montré pour triompher de tous les efforts des rois armés contre ton indépendance. L'amour de ſes ſemblables, le renoncement à ſa volonté particulière pour n'obéir qu'aux lois & aux autorités qui en font les organes , l'attention la plus ſoutenue ſur ſes mœurs ſont des vertus difficiles pour des eſclaves qui, enchaînés malgré eux, n'ont d'autre loi que leur intérêt particulier , & ne doivent avoir d'autre ſoin

que de le fatisfaire , tant qu'ils peuvent évi-
ter les regards de leurs maîtres : mais pour des
hommes libres , qui s'impofent eux-mêmes
les devoirs qu'ils ont à remplir , & qui favent
que leur bonheur dépend de la fidélité avec
laquelle ils s'acquitteront de ces devoirs , ces
vertus, au lieu d'être une peine, doivent être
un véritable plaifir. C'eft en les pratiquant ,
peuple français , que tu te montreras digne
du préfent précieux que t'a fait la divinité, en
te donnant la république. Ce fera le plus grand
témoignage que tu pourras lui donner de ta
reconnaiffance.

Amis fincères de la liberté , vous qui avez
fait jufqu'à préfent à votre patrie les plus
grands facrifices , il ne vous refte plus, pour
affurer fon bonheur , que d'infpirer les mê-
mes fentimens à tous vos concitoyens. La révolution qui a commencé , lorfque l'amour
de la liberté s'eft réveillé dans le cœur des
hommes qui avaient le plus d'influence fur le
refte de la nation ; parce qu'ils étaient regar-
dés comme les plus éclairés, ne finira que lorfque cet amour & les vertus dont il eft la
fource feront répandus dans tout le peuple.

Quel plus bel acte d'humanité & de patriotifme peut-on vous propofer, que de contribuer à les répandre ? Cette entreprife eft digne
de votre zèle ; & nous fommes bien convaincus que vos exemples & vos foins obtiendront
le plus heureux fuccès.

Vous fur-tout, magiftrats du peuple, gar-
des nationaux, membres de la fociété d'agri-
culture & de commerce, qui, de tous les
points de ce département, vous êtes réunis à
nous pour célébrer la fête de la fondation de
la république, reportez à vos concitoyens les
fentimens que vous avez puifés dans l'augufte
cérémonie dont vous êtes venus augmenter la
folemnité par votre préfence. Dites-leur que
leur bonheur dépend effentiellement du main-
tien du gouvernement républicain : dites-leur
que ceux qui réfiftent à fes lois & qui veulent
les entraîner dans leur révolte font leurs plus
cruels ennemis : dites-leur que la république,
qui ne peut fe foutenir que par la vertu, eft
le gouvernement le plus conforme au vœu de
la nature & le plus agréable à fon auteur ; &
que par conféquent les hypocrites qui le leur
repréfentent comme contraire aux lois de la

divinité, font les plus fcélérats des impofteurs. Faites-leur connaître quelle pureté de mœurs exige la dignité de républicains. Apprenez-leur quelle force doivent avoir nos nouvelles inftitutions, pour amener la fin de notre ré-volution & hâter le retour de la tranquillité après laquelle ils afpirent. Pour les engager à les aimer, dites-leur que ceux qui s'oppofent à leur établiffement font ceux qui veulent, par une nouvelle révolution plus horrible mille fois que la première, faire revenir l'ancien régime avec fes dîmes, fes corvées, fes ga-belles, fes champarts, fon gibier deftruc-teur de leurs moiffons, fes droits feigneuriaux, fes rentes féodales & toutes les autres vexa-tions dont la république les a délivrés. Infpi-rez-leur fur-tout cet efprit d'union, fans lequel ils ne pourront jamais être parfaitement heureux.

Citoyens, montrons-leur l'exemple. Im-molons à la concorde toutes les paffions qui nous divifent. Quel moment plus favorable pouvons-nous choifir pour un fi beau facri-fice ? Que le jour qui renouvelle l'année, re-nouvelle auffi nos fentimens! Quel préfent plus agréable pouvons-nous nous faire l'un à l'autre, que l'offre mutuelle de nos cœurs dégagés de toute haine & de tout reffentiment ? Quel préfent plus agréable pouvons-nous offrir à la divinité, que le fpectacle d'un peuple ne formant plus qu'une feule famille ?

Arbitre fuprême de nos deftinées, toi qui tiens nos cœurs dans tes mains puiffantes, difpofe-les fuivant les vues bienfaifantes que tu as manifeftées en notre faveur par tant de miracles. Purifie-les de ce funefte amour-propre qui a jufqu'a préfent engendré toutes les factions qui nous ont tourmentés, & remplace-le par tous les bons fentimens fur lefquels feuls peut s'établir la plus parfaite union. Tu as lié notre bonheur au gouvernement républicain que tu nous as donné ; donne-nous donc auffi toutes les vertus qui rendent les républiques heureufes & floriffantes.

Pour nous, nous confacrons toutes nos facultés & tout notre être à l'accompliffement des grands deffeins que tu as formés fur nous. Nous nous regarderons en ta préfence comme des frères qui vivent enfemble fous les yeux

D 4

de leur père. Nous t'aimerons toujours de tout notre cœur, & nous ne cefferons d'avoir les uns pour les autres l'attachement le plus tendre & le plus fincère. La conftitution, dont tu as infpiré toi-même les fages difpofitions, fera toujours notre point de ralliement & notre égide contre toutes les factions qui chercheraient encore à nous défunir. Nous chérirons enfin tout ce qui peut te plaire, la liberté, les bonnes mœurs, les vertus & furtout la république qui, lorfqu'elle fera une fois fixée dans nos cœurs, y fixera avec elle ces qualités précieufes; & nous ne conferverons de haîne que contre ce qui t'eft odieux, contre tous les vices & tous les crimes, & principalement contre la royauté & l'anarchie qui en font les fources les plus fécondes.

Reçois-en le ferment que nous renouvellons aujourd'hui devant toi, & auquel nous ne ferons jamais parjures.

Nous jurons haîne à la royauté & à l'anarchie; attachement & fidélité à la république & à la conftitution de l'an III.

VIVE LA RÉPUBLIQUE !

DISCOURS

PRONONCÉ à la même Fête, par le Citoyen RIOUST, Membre de l'Adminiſtration centrale de l'Eure.

CITOYENS,

VIVE LA RÉPUBLIQUE ! Quand ce cri, nouveau pour des français, retentit pour la première fois parmi nous, il aggrandit nos ames retrécies par le poids de quatorze cents ans de royauté. Par ſon aſcendant irréſiſtible, il anéantit ſoudain tous les préjugés, l'orgueil, la cupidité, la vengeance, toutes ces paſſions baſſes ou furieuſes, inhérentes à l'idée d'un roi ; il nous donna des idées nouvelles ; il effaça, comme par enchantement, les ſouvenirs monarchiques qui nous aſſiégeaient de toutes parts ; il plaça les baſes de l'édifice majeſtueux de ce gouvernement qui repoſe tout entier ſur les premières idées que la nature elle-même grava dans nos ames , de ce gouvernement qui , en conſacrant nos droits , aſſure notre indépendance & nous place au niveau de notre dignité ; il nous rendit capables des plus vaſtes conceptions, propres aux plus grandes choſes ; il fit de nous des républicains. Dès-lors nous voulûmes la république ; & la république eſt là : toujours nous voudrons la république ; & toujours la république ſera là.

Trompés par des recits menteurs , les rois coaliſés ont oſé l'attaquer dès ſa naiſſance , & ſon aggrandiſſement a été le réſultat de leurs impuiſſantes tentatives. Les déſerteurs de la plus belle des cauſes, les émigrés, leur avaient peint les Français auſſi lâches qu'eux. Ils avaient , en atténuant nos moyens , rehauſſé leurs eſpérances ; & leur audace s'était accrue en raiſon de cet eſpoir : nous avons ri de leurs agitations ; & nous les avons chaſſés devant nous, comme le vent chaſſe la pouſſière. De parricides enfans , combinant leurs moyens de trahiſon dans l'intérieur avec les reſſour-

ces du dehors , avaient préparé des divisions
inteftines : les rois comptaient fur nos déchi-
remens , & c'eft alors même que , nous mon-
trant plus étonnans que jamais , nous avons
porté l'oriflame de la liberté jufques dans les
pays dont les mœurs, les inclinations , les ha-
bitudes , & , fi j'ofe m'exprimer ainfi , le ré-
tréciffement moral , en écartaient jufqu'à l'i-
dée. C'eft alors que nos forces devenant plus
impofantes & plus actives par le concert de
nos volontés , nous avons , & pour toujours ,
détruit jufqu'à la racine de leur fol efpoir.
Semblables à des matières combuftibles qui ,
rapprochées dans un efpace plus étroit , fer-
mentent en s'uniffant , & pouffent au loin ces
maffes énormes que leurs forces divifées n'auraient pu émouvoir.

L'exiftence de la république n'eft donc plus
un doute : fa durée n'eft donc un probléme
que pour ces hommes abjects , ces efprits
étroits , ces ames avilies par la fervitude , qui
confervent encore le défir flétriffant d'un
maître. Eh ! qu'ils ne nous fatiguent plus de
leurs incertitudes...... Qu'ils aillent ramper
fous la domination des defpotes , fe courber

fous le joug des rois ; les pas des efclaves fouil-
leraient le fol de la liberté. Qu'ils aillent fe
perdre dans les rangs de ces foldats toujours
vaincus, confondre l'opprobre qui les pour-
fuit avec le défordre de leur fuite, & mêler la
honte de leur défection à la honte de leurs
mille & une défaites.

Si, retenus par des intéréts domeftiques
ou les dangers de l'expatriation, ils préfèrent
demeurer parmi nous, notre joie fera leur
fupplice, & le faint enthoufiafme des enfans
de la liberté leur défefpoir.

L'enthoufiafme des enfans de la liberté!....
Eh ! quel jour doit lui donner un élan plus
fublime que l'anniverfaire de celui où fut ouvert, par la volonté d'un grand peuple, le
tombeau de la monarchie, & fon entrée fcel-
lée par le vœu de la plus grande des nations.
Ce fceau eft inviolable; tous les tems ne
fauraient le brifer.

Républicains, le paffé vous répond de l'a-
venir. La liberté eft impériffable; elle eft in-
dépendante du caprice des hommes. Comme
un rocher long-tems battu des flots de la

mer domine avec plus de majesté au milieu des eaux, lorsque dans le calme qui suit la tempête il paraît entouré des débris d'un naufrage ; ainsi la liberté toujours agitée par des convulsions qui semblaient devoir l'ébranler , mais toujours supérieure à l'inconstance des choses passagères, se montre plus grande lorsque nous la voyons entourée des trophées qu'elle a arrachés à ses ennemis, environnée de leurs sanglantes dépouilles. Qu'elle me paraît belle, lorsque produisant ses titres écrits jusques dans l'origine des tems & qui datent de l'éternité, elle se montre à tous les siècles assurée de leur respect & de leur enthousiasme !

Jusqu'ici son temple était dans nos cœurs; il était tems que les Français lui élevássent des autels publics. La consécration de celui dont nous ne pouvons aujourd'hui que poser les bases, doit être solemnelle ; elle doit attester notre amour pour cette divinité bienfaisante, elle doit garantir la foi de nos sermens.

C'est au milieu de vous, nos chers collaborateurs, que nous devions brûler ici les premiers grains d'encens, comme c'est dans vos cœurs républicains que nous en avons puisé l'idée. Vous auriez manqué à cette fête, sans vous elle aurait été moins belle & moins touchante ; mais vous auriez manqué bien davantage à notre empressement & à nos vœux ; notre jouissance aurait été moins vive & moins profondément sentie. Il est si délicieux pour des républicains d'être entourés de républicains, de sentir palpiter les cœurs des républicains !

Vous reporterez aux heureux habitans de vos contrées ce que vous aurez vu ici ; vous ferez passer dans leurs ames ce que la vôtre aura éprouvé ; vous les pénétrerez de ces sentimens inconnus à tous autres qu'à nous. Vous leur direz que devant la Déesse des français, l'auguste liberté, se sont inclinées, se sont anéanties toutes les passions ; qu'en sa préfence tous les intérêts des républicains se sont confondus en un seul intérêt, celui du bien public. Vous leur apprendrez qu'à la chaleur du feu sacré que nous avons allumé pour elle se sont fondues, se sont cal-

cinées toutes les haînes, toutes les animo-
sités, toutes les vengeances, ont disparu
toutes les nuances qu'on cherchait à établir
parmi les républicains. Vous leur répéterez
souvent que cette liberté sainte doit être
pour nous la chaîne d'or qui, nous suspen-
dant à son trône, établisse l'heureuse com-
munication dont l'amour unissant toutes les
parties doit sans cesse descendre, descendra
désormais d'elle à nous par les bienfaits, &
remontera de nous à elle par la reconnaissance.

Vous leur transmettrez enfin le serment
que nous lui faisons de n'avoir désormais
pour signe de reconnaissance que les signes
de la plus touchante fraternité, & pour cri
de ralliement que ce cri chéri :

V I V E   L A   R É P U B L I Q U E !

16